DISCOURS

28,117

DE

VICTOR HUGO

DANS LA DISCUSSION

DU PROJET DE LOI SUR L'ENSEIGNEMENT.

MESSIEURS,

Quand une discussion est ouverte qui touche à ce qu'il y a de plus sérieux dans les destinées du pays, il faut aller tout de suite, et sans hésiter, au fond de la question. (Mouvement d'attention.)

Je commence par dire ce que je voudrais, je dirai tout à l'heure ce que je ne veux pas.

Messieurs, à mon sens, le but, difficile à atteindre et lointain sans doute, mais auquel il faut tendre dans cette grave question de l'enseignement, le voici. (Plus haut! plus haut!) L'orateur reprend :

Messieurs, toute question a son idéal. Pour moi, l'idéal de

cette question de l'enseignement, le voici : l'instruction gratuite et obligatoire. (Très-bien ! très-bien !) Obligatoire au premier degré, gratuite à tous les degrés. (Applaudissements à gauche.) L'instruction primaire obligatoire, c'est le droit de l'enfant (mouvement) qui, ne vous y trompez pas, est plus sacré encore que le droit du père et qui se confond avec le droit de l'État.

Je reprends. Voici donc, selon moi, l'idéal de la question : L'instruction gratuite et obligatoire dans la mesure que je viens de marquer. Un immense enseignement public, donné et réglé par l'État, partant de l'école de village et montant de degré en degré jusqu'au collège de France, plus haut encore, jusqu'à l'Institut de France. Les portes de la science toutes grandes ouvertes à toutes les intelligences ; partout où il y a un champ, partout où il y a un esprit, qu'il y ait un livre. Pas une commune sans une école, pas une ville sans un collége, pas un chef-lieu sans une faculté. (Bravos prolongés.) Un vaste ensemble, ou, pour mieux dire, un vaste réseau d'ateliers intellectuels, lycées, gymnases, colléges, chaires, bibliothèques, mêlant leur rayonnement sur la surface du pays, éveillant partout les aptitudes et échauffant partout les vocations ; en un mot, l'échelle de la connaissance humaine dressée fermement par la main de l'État, posée dans l'ombre des masses les plus profondes et les plus obscures, et aboutissant à la lumière. Aucune solution de continuité ; le cœur du peuple mis en communication avec le cerveau de la France. (Immenses applaudissements.)

Voilà comme je comprendrais l'éducation publique nationale. Messieurs, à côté de cette magnifique instruction gratuite, sollicitant les esprits de tout ordre, offerte par l'État, donnant à tous, pour rien, les meilleurs maîtres et les meilleures méthodes, modèle de science et de discipline, normale, française, chrétienne, libérale, qui élèverait, sans nul doute, le génie national à sa plus haute somme d'intensité, je placerais sans hésiter la liberté d'enseignement, la liberté d'enseignement pour les instituteurs privés, la liberté d'enseignement pour les corporations religieuses ; la liberté d'enseignement pleine, entière, absolue, soumise aux lois générales comme toutes les autres libertés, et je n'aurais pas besoin de lui donner le pouvoir inquiet de l'État pour surveillant, parce que je lui donnerais l'enseignement gratuit de l'État pour contre-poids. (Bravo ! bravo !)

Ceci, Messieurs, je le répète, est l'idéal de la question. Ne vous en troublez pas, nous ne sommes pas près d'y atteindre, car la solution du problème contient une question financière considérable, comme tous les problèmes sociaux du temps présent.

Messieurs, cet idéal, il était nécessaire de l'indiquer, car il faut toujours dire où l'on tend ; il offre d'innombrables points de vue, mais l'heure n'est pas venue de le développer. Je ménage les instants de l'Assemblée, et j'aborde immédiatement la question dans sa réalité positive actuelle. Je la prends où elle en est aujourd'hui, au point relatif de maturité où les événements d'une part, et d'autre part la raison publique l'ont amenée.

A ce point de vue restreint, mais pratique, de la situation actuelle, je veux, je le déclare, la liberté de l'enseignement ; mais je veux la surveillance de l'État, et comme je veux cette surveillance effective, je veux l'État laïque, purement laïque, exclusivement laïque. L'honorable M. Guizot l'a dit avant moi, en matière d'enseignement, l'État n'est pas et ne peut pas être autre chose que laïque.

Je veux, dis-je, la liberté de l'enseignement, sous la surveillance de l'État, et je n'admets, pour personnifier l'État dans cette surveillance si délicate et si difficile, qui exige le concours de toutes les forces vives du pays, que des hommes appartenant sans doute aux carrières les plus graves, mais n'ayant aucun intérêt, soit de conscience, soit de politique, distinct de l'unité nationale. (Très-bien ! à gauche.) C'est vous dire que je n'introduis, soit dans le conseil supérieur de surveillance, soit dans les conseils secondaires, ni évêques, ni délégués d'évêques. J'entends maintenir, quant à moi, et au besoin faire plus profonde que jamais, cette antique et salutaire séparation de l'Église et de l'État, qui était la sagesse de nos pères, et cela dans l'intérêt de l'Église comme dans l'intérêt de l'État. (Applaudissements.)

Je viens de vous dire ce que je voudrais; maintenant, voici ce que je ne veux pas:

Je ne veux pas de la loi qu'on vous apporte.

Pourquoi?

Messieurs, cette loi est une arme.

Une arme n'est rien par elle-même; elle n'existe que par la main qui la saisit.

Or quelle est la main qui se saisira de cette loi?

Là est toute la question. (Mouvement.)

Messieurs, c'est la main du parti clérical. (C'est vrai!)

Messieurs, je redoute cette main; je veux briser l'arme, je repousse le projet. (Très-bien! très-bien!)

Cela dit, j'entre dans la discussion.

J'aborde tout de suite, et de front, une objection qu'on fait aux opposants placés à mon point de vue, la seule objection qui ait une apparence de gravité.

On nous dit: Vous excluez le clergé du conseil de surveillance de l'État; vous voulez donc proscrire l'enseignement religieux?

Messieurs, je m'explique. Jamais on ne se méprendra, par ma faute, ni sur ce que je dis, ni sur ce que je pense.

Loin que je veuille proscrire l'enseignement religieux, entendez-vous bien? il est, selon moi, plus nécessaire aujourd'hui que jamais. Plus l'homme grandit, plus il doit croire. Plus il approche de Dieu, mieux il doit voir Dieu. (Mouvement.)

Il y a un malheur dans notre temps, je dirais presque il n'y a qu'un malheur, c'est une certaine tendance à tout mettre dans cette vie. (Sensation.) En donnant à l'homme pour fin et pour but la vie terrestre et matérielle, on aggrave toutes les misères par la négation qui est au bout, on ajoute à l'accablement des malheureux le poids insupportable du néant ; et de ce qui n'était que la souffrance, c'est-à-dire la loi de Dieu, on fait le désespoir, c'est-à-dire la loi de l'enfer. (Long mouvement.) De là de profondes convulsions sociales. (Oui ! oui !)

Certes je suis de ceux qui veulent, et personne n'en doute dans cette enceinte, je suis de ceux qui veulent, je ne dis pas avec sincérité, le mot est trop faible, je veux avec une inexprimable ardeur, et par tous les moyens possibles, améliorer dans cette vie le sort matériel de ceux qui souffrent ; mais la première des améliorations, c'est de leur donner l'espérance. (Bravo ! à droite.) Combien s'amoindrissent nos misères finies quand il s'y mêle une espérance infinie ! (Très-bien ! très-bien !)

Notre devoir à tous, qui que nous soyons, les législateurs comme les évêques, les prêtres comme les écrivains, c'est de répandre, c'est de dépenser, c'est de prodiguer, sous toutes les formes, toute l'énergie sociale pour combattre et détruire la misère (bravo ! à gauche) et en même temps de faire lever toutes les têtes vers le ciel (bravo ! à droite), de diriger toutes les âmes, de tourner toutes les attentes vers une vie ultérieure où justice sera faite et où justice sera rendue. Disons-le bien haut, personne n'aura injustement ni inutilement souffert. La mort est une restitution. (Très-bien ! à droite. — Mouvement.)

La loi du monde matériel, c'est l'équilibre ; la loi du monde moral, c'est l'équité. Dieu se retrouve à la fin de tout. Ne l'oublions pas, et enseignons-le à tous, il n'y aurait aucune dignité à vivre, et cela n'en vaudrait pas la peine, si nous devions mourir tout entiers : ce qui allége le labeur, ce qui sanctifie le travail, ce qui rend l'homme fort, bon, sage, patient, bienveillant, juste, à la fois humble et grand, digne de l'intelligence, digne de la liberté, c'est d'avoir devant soi la perpétuelle vision d'un monde meilleur rayonnant à travers les ténèbres de cette vie. (Vive approbation.)

Quant à moi, puisque le hasard veut que ce soit moi qui parle en ce moment et met de si graves paroles dans une bouche de peu d'autorité, qu'il me soit permis de le dire ici et de le déclarer, je le proclame du haut de cette tribune, j'y crois profondément à ce monde meilleur; il est pour moi bien plus réel que cette misérable chimère que nous dévorons et que nous appelons la vie; il est sans cesse devant mes yeux; j'y crois de toutes les puissances de ma conviction, et après bien des luttes, bien des études et bien des épreuves, il est la suprême certitude de ma raison comme il est la suprême consolation de mon âme. (Profonde sensation.)

Je veux donc, je veux sincèrement, fermement, ardemment, l'enseignement religieux, mais je veux l'enseignement religieux de l'Eglise, et non l'enseignement religieux d'un parti. Je le veux sincère et non hypocrite. (Bravo! bravo!) Je le veux ayant pour but le ciel et non la terre. (Mouvement.) Je ne veux pas qu'une chaire envahisse l'autre; je ne veux pas mêler le prêtre au professeur. Ou si je consens à ce mélange, moi législateur, je le surveille, j'ouvre sur les séminaires et sur les congrégations enseignantes l'œil de l'Etat, et, j'y insiste, de l'Etat laïque, jaloux uniquement de sa grandeur et de son unité.

Jusqu'au jour, que j'appelle de tous mes vœux, où la liberté complète d'enseignement pourra être proclamée, et en commençant je vous ai dit à quelles conditions, jusqu'à ce jour-là, je veux l'enseignement de l'Eglise en dedans de l'Eglise et non dehors. Surtout je considère comme une dérision de faire surveiller, au nom de l'Etat, par le clergé l'enseignement du clergé. En un mot, je veux, je le répète, ce que voulaient nos pères, l'Eglise chez elle et l'Etat chez lui. (Très-bien!)

L'Assemblée voit déjà clairement pourquoi je repousse le projet de loi: mais j'achève de m'expliquer.

Messieurs, comme je vous l'indiquais tout à l'heure, ce projet est quelque chose de plus, de pire, si vous voulez, qu'une loi politique, c'est une loi stratégique. (Chuchottements.)

Je m'adresse, non, certes, au vénérable évêque de Langres, non à quelque personne que ce soit dans cette enceinte, mais au parti qui a, sinon rédigé, du moins inspiré le projet de loi, à ce parti à la fois éteint et ardent, au parti clérical. Je ne sais pas s'il est dans le gouvernement, je ne sais pas s'il est dans l'Assemblée (mouvement); mais je le sens un peu partout. (Nouveau mouvement.) Il a l'oreille fine, il m'entendra. (On rit.) Je m'adresse donc au parti clérical, et je lui dis : Cette loi est votre loi. Tenez, franchement, je me défie de vous. Instruire, c'est construire. (Sensation.) Je me défie de ce que vous construisez. (Très-bien ! très-bien !)

Je ne veux pas vous confier l'enseignement de la jeunesse, l'âme des enfants, le développement des intelligences neuves qui s'ouvrent à la vie, l'esprit des générations nouvelles, c'est-à-dire l'avenir de la France. Je ne veux pas vous confier l'avenir de la France, parce que vous le confier, ce serait vous le livrer. (Mouvement.)

Il ne me suffit pas que les générations nouvelles nous succèdent, j'entends qu'elles nous continuent. Voilà pourquoi je ne veux ni de votre main, ni de votre souffle sur elles. Je ne veux pas que ce qui a été fait par nos pères soit défait par vous ! (Très-bien !) Après cette gloire, je ne veux pas de cette honte. (Mouvement prolongé.)

Votre loi est une loi qui a un masque. (Bravo !)

Elle dit une chose et elle en ferait une autre. C'est une pensée d'asservissement qui prend les allures de la liberté. C'est une confiscation intitulée donation. Je n'en veux pas. (Applaudissements à gauche.)

C'est votre habitude. Quand vous forgez une chaîne, vous dites : Voici une liberté! quand vous faites une proscription, vous criez : Voilà une amnistie! (Nouveaux applaudissements.)

Ah ! je ne vous confonds pas avec l'Eglise, pas plus que ne confonds le gui avec le chêne. (Très-bien !) Vous êtes les parasites de l'Eglise, vous êtes la maladie de l'Eglise. (On rit.) Ignace est l'ennemi de Jésus. (Vive approbation à gauche.) Vous êtes, non les croyants, mais les sectaires d'une religion que vous ne comprenez pas. Vous êtes les metteurs en scène de la sainteté. Ne mêlez pas l'Eglise à vos affaires, à vos combinaisons, à vos stratégies, à vos doctrines, à vos ambitions. Ne l'appelez pas votre mère pour en faire votre servante. (Profonde sensation.) Ne la tourmentez pas sous le prétexte de lui apprendre la politique ; surtout ne l'identifiez pas avec vous. Voyez le tort que vous lui faites ! M. l'évêque de Langres vous l'a dit. (On rit.)

Voyez comme elle dépérit depuis qu'elle vous a ! Vous vous faites si peu aimer que vous finiriez par la faire haïr ! En vérité, je vous le dis (on rit), elle se passera fort bien de vous. Laissez-la en repos. Quand vous n'y serez plus, on y reviendra. Laissez-la, cette vénérable Eglise, cette vénérable mère, dans sa solitude, dans son abnégation, dans son humilité. Tout cela compose sa grandeur ! Sa solitude lui attirera la foule ; son abnégation est sa puissance, son humilité est sa majesté. (Vive adhésion.)

Vous parlez d'enseignement religieux ! Savez-vous quel est le véritable enseignement religieux, celui devant lequel il faut se prosterner, celui qu'il ne faut pas troubler ? C'est la sœur de charité au chevet du mourant. C'est le frère de la Merci rachetant l'esclave. C'est Vincent de Paul ramassant l'enfant trouvé. C'est l'évêque de Marseille au milieu des pestiférés. C'est l'archevêque de Paris abordant avec un sourire ce formidable faubourg Saint-Antoine, levant son crucifix au-dessus de la guerre civile, et s'inquiétant peu de recevoir la mort pourvu qu'il apporte la paix. (Bravo !) Voilà le véritable enseignement religieux, l'enseignement religieux réel, profond, efficace et populaire, celui qui, heureusement pour la religion et l'humanité, fait encore plus de chrétiens que vous n'en défaites ! (Longs applaudissements à gauche.)

Ah! nous vous connaissons! nous connaissons le parti clérical. C'est un vieux parti qui a des états de services. (On rit.) C'est lui qui monte la garde à la porte de l'orthodoxie. (On rit.) C'est lui qui a trouvé pour la vérité ces deux étais merveilleux, l'ignorance et l'erreur. C'est lui qui fait défense à la science et au génie d'aller au-delà du missel et qui veut cloîtrer la pensée dans le dogme. Tous les pas qu'a faits l'intelligence de l'Europe, elle les a faits malgré lui. Son histoire est écrite dans l'histoire du progrès humain, mais elle est écrite au verso. (Sensation.) Il s'est opposé à tout. (On rit.)

C'est lui qui a fait battre de verges Prinelli pour avoir dit que les étoiles ne tomberaient pas. C'est lui qui a appliqué Campanella sept fois à la question pour avoir affirmé que le nombre des mondes était infini et entrevu le secret de la création. C'est lui qui a persécuté Harvey pour avoir prouvé que le sang circulait. De par Josué, il a enfermé Galilée; de par saint Paul, il a emprisonné Christophe Colomb. (Sensation.) Découvrir la loi du ciel, c'était une impiété; trouver un monde, c'était une hérésie. (Très-bien! très-bien!) C'est lui qui a anathématisé Pascal au nom de la religion, Montaigne au nom de la morale, Molière au nom de la morale et de la religion. (Trèsbien! très-bien!) Oh! oui certes, qui que vous soyez, qui vous appelez le parti catholique et qui êtes le parti clérical, nous vous connaissons. Voilà longtemps déjà que la conscience humaine se révolte contre vous et vous demande: qu'est-ce que vous me voulez? Voilà longtemps déjà que vous essayez de mettre un bâillon à l'esprit humain! (Acclamations à gauche.)

Et vous voulez être les maîtres de l'enseignement! Et il n'y a pas un poëte, pas un écrivain, pas un philosophe, pas un penseur, que vous acceptiez! Et tout ce qui a été écrit, trouvé, rêvé, déduit, illuminé, imaginé, inventé par les génies, le trésor de la civilisation, l'héritage séculaire des générations, le patrimoine commun des intelligences, vous le rejetez! Si le cerveau de l'humanité était là devant vos yeux, à votre discré-

tion, ouvert comme la page d'un livre, vous y feriez des ra-
tures ! (Oui ! oui !) convenez-en ! (Mouvement prolongé.)

Enfin, il y a un livre, un livre qui semble d'un bout à l'autre
une émanation supérieure, un livre qui est pour l'univers ce
que le Koran est pour l'islamisme, ce que les Védas sont pour
l'Inde, un livre qui contient toute la sagesse humaine éclairée
par toute la sagesse divine, un livre que la vénération des peuples appelle le Livre, la Bible ! Eh bien ! votre censure a monté
jusque-là ! Chose inouïe ! des papes ont proscrit la Bible ! Quel
étonnement pour les esprits sages, quelle épouvante pour les
cœurs simples, de voir l'index de Rome posé sur le livre de
Dieu ! (Vive adhésion à gauche.)

Et vous réclamiez la liberté d'enseigner ! Tenez, soyons
sincères ; entendons-nous sur la liberté que vous réclamez :
c'est la liberté de ne pas enseigner. (Applaudissements à gauche. — Vive réclamation à droite.)

Ah ! vous voulez qu'on vous donne des peuples à instruire !
Fort bien. — Voyons vos élèves. Voyons vos produits. (On rit.)
Qu'est-ce que vous avez fait de l'Italie ? Qu'est-ce que vous avez
fait de l'Espagne ? Depuis des siècles vous tenez dans vos mains,
à votre discrétion, à votre école, sous votre férule, ces deux
grandes nations, illustres parmi les illustres ; qu'en avez-vous
fait ? (Mouvement.)

Je vais vous le dire. Grâce à vous, l'Italie, dont aucun homme
qui pense ne peut plus prononcer le nom qu'avec une inexprimable douleur filiale, l'Italie, cette mère des génies et des nations, qui a répandu sur l'univers toutes les plus éblouissantes
merveilles de la poésie et des arts, l'Italie, qui a appris à lire
au genre humain, l'Italie aujourd'hui ne sait pas lire ! (Profonde sensation.)

Oui, l'Italie est de tous les Etats de l'Europe celui où il y a le
moins de natifs sachant lire ! (Réclamations à droite. Cris vio-
lents.)

L'Espagne, magnifiquement dotée, l'Espagne, qui avait reçu

des Romains sa première civilisation, des Arabes sa seconde civilisation, de la Providence, et malgré vous, un monde, l'Amérique, l'Espagne a perdu, grâce à vous, grâce à votre joug d'abrutissement, qui est un joug de dégradation et d'amoindrissement (Applaudissements à gauche), l'Espagne a perdu ce secret de la puissance qu'elle tenait des Romains, ce génie des arts qu'elle tenait des Arabes, ce monde qu'elle tenait de Dieu, et en échange de tout ce que vous lui avez fait perdre, elle a reçu de vous l'Inquisition. (Mouvement.)

L'Inquisition, que certains hommes du parti essaient aujourd'hui de réhabiliter avec une timidité pudique dont je les honore. (Longue hilarité à gauche. — Réclamations à droite.) L'Inquisition, qui a brûlé sur le bûcher cinq millions d'hommes! (Dénégations à droite). Lisez l'histoire! L'Inquisition, qui exhumait les morts pour les brûler comme hérétiques. (C'est vrai!) Témoins Urgel et Arnauld, comte de Forcalquier. L'Inquisition, qui déclarait les enfants des hérétiques, jusqu'à la deuxième génération, infâmes et incapables d'aucuns honneurs publics, en exceptant seulement, ce sont les propres termes des arrêts, *ceux qui auraient dénoncé leur père*. (Long mouvement). L'Inquisition, qui, à l'heure où je parle, tient encore dans la bibliothèque vaticane les manuscrits de Galilée, clos et scellés sous le scellé de l'index. (Agitation.) Il est vrai que, pour consoler l'Espagne de ce vous lui ôtiez et de ce que vous lui donniez, vous l'avez surnommée la Catholique! (Rumeurs à droite.)

Ah! savez-vous? vous avez arraché à l'un de ses plus grands hommes ce cri douloureux qui vous accuse : « J'aime mieux qu'elle soit la grande que la catholique! » (Cris à droite. — Longue interruption. — Plusieurs membres interpellent violemment l'orateur.)

Voilà vos chefs-d'œuvre! Ce foyer qu'on appelait l'Italie, vous l'avez éteint. Ce colosse qu'on appelait l'Espagne, vous l'avez miné. L'une est en cendre, l'autre est en ruine. Voilà ce que vous avez fait de deux grands peuples. Qu'est-ce que vous voulez faire de la France? (Mouvement prolongé.)

Tenez, vous venez de Rome: je vous fais compliment. Vous avez eu là un beau succès! (Rires et bravos à gauche.) Vous venez de bâillonner le peuple romain ; maintenant vous voulez bâillonner le peuple français. Je comprends : cela est encore plus beau, cela tente ; seulement, prenez garde ; c'est malaisé : celui-ci est un lion tout à fait vivant. (Agitation.)

A qui en voulez-vous donc? Je vais vous le dire : vous en voulez à la raison humaine. Pourquoi? Parce qu'elle fait le jour. (Oui! oui! — Non! non!)

Oui, voulez-vous que je vous dise ce qui vous importune? C'est cette énorme quantité de lumière libre que la France dégage depuis trois siècles, lumière toute faite de raison, lumière aujourd'hui plus éclatante que jamais, lumière qui fait de la nation française la nation éclairante, de telle sorte qu'on aperçoit la clarté de la France sur la face de tous les peuples de l'univers. (Sensation.) Eh bien, cette clarté de la France, cette lumière libre, cette lumière directe, cette lumière qui ne vient pas de Rome, qui vient de Dieu, voilà ce que vous voulez éteindre! (C'est vrai !) Voilà ce que nous voulons conserver! (Oui! oui! — Bravos à gauche.)

Je repousse votre loi. Je la repousse parce qu'elle confisque l'enseignement primaire, parce qu'elle dégrade l'enseignement secondaire, parce qu'elle abaisse le niveau de la science, parce qu'elle diminue mon pays. (Sensation.)

Je la repousse, parce que je suis un de ceux qui ont un serrement de cœur et la rougeur au front toutes les fois que la France subit, par une cause quelconque, une diminution, que ce soit une diminution de territoire, comme par les traités de 1815, ou une diminution de grandeur intellectuelle, comme par votre loi ! (Vifs applaudissements à gauche.)

Messieurs, avant de terminer, permettez-moi d'adresser ici, du haut de la tribune, au parti clérical, au parti qui nous envahit (écoutez! écoutez!), un conseil sérieux. (Rumeurs à droite.)

Ce n'est pas l'habileté qui lui manque. Quand les circonstances l'aident, il est fort, très-fort, trop fort! (Mouvement.) Il sait l'art de maintenir une nation dans un état mixte et lamentable qui n'est pas la mort, mais qui n'est plus la vie. (C'est vrai!) Il appelle cela gouverner. (Rires.)

C'est le gouvernement par la léthargie. (On rit.) Mais qu'il y prenne garde, rien de pareil ne convient à la France. C'est un jeu redoutable que de lui laisser entrevoir, seulement entrevoir, à cette France, l'idéal que voici : la sacristie souveraine, la liberté trahie, l'intelligence vaincue et liée, les livres déchirés, le prône remplaçant la presse, la nuit faite dans les esprits par l'ombre des soutanes, et les génies mâtés par les bedeaux! (Acclamations à gauche.)

- C'est vrai, le parti clérical est habile; mais cela ne l'empêche pas d'être naïf. (Hilarité.) Quoi! il redoute le socialisme! Quoi! il voit monter le flot, à ce qu'il dit, et il lui oppose, à ce flot qui monte, je ne sais quel obstacle à claire-voie! Il voit monter le flot, et il s'imagine que la société sera sauvée parce qu'il aura combiné, pour la défendre, les hypocrisies sociales avec les résistances matérielles, et qu'il aura mis un jésuite partout où il n'y a pas un gendarme! (Rires et applaudissements.) Quelle pitié!

Je le répète, qu'il y prenne garde, le dix-neuvième siècle lui est contraire; qu'il ne s'obstine pas, qu'il renonce à maîtriser cette grande époque pleine d'instincts profonds et nouveaux, sinon il ne réussira qu'à la courroucer, il développera imprudemment le côté redoutable de notre temps, et il fera surgir des éventualités terribles. Oui, avec ce système qui fait sortir, j'y insiste, l'éducation de la sacristie et le gouvernement du confessionnal!...

(Longue interruption. Cris : à l'ordre! Plusieurs membres de la droite se lèvent. M. le président et M. Victor Hugo échangent un colloque qui ne parvient pas jusqu'à nous. Violent tumulte.)

L'orateur reprend, en se tournant vers la droite : Messieurs vous voulez beaucoup, dites-vous, la liberté d'enseignement ; tâchez de vouloir un peu la liberté de la tribune. (On rit. Le bruit s'apaise.) L'orateur continue : Avec ces doctrines qu'une logique inflexible et fatale entraîne malgré les hommes eux-mêmes et féconde pour le mal, avec ces doctrines qui font horreur quand on les regarde dans l'histoire... (Nouveaux cris : à l'ordre!)

L'orateur s'interrompant : Messieurs, le parti clérical, je vous l'ai dit, nous envahit. Je le combats, et au moment où ce parti se présente une loi à la main, il est mon droit de législateur d'examiner et de loi et de sa mince parti. Vous ne m'empêcherez pas de le faire! (Très-bien!) Je continue.

Oui, avec ce système-là, cette doctrine-là et cette histoire-là, que le parti clérical le sache, partout où il sera, il engendrera des révolutions, partout, pour éviter Torquemada, on se jettera dans Robespierre. (Sensation.) Voilà ce qui fait du parti qui s'intitule parti catholique un sérieux danger public. Et ceux qui, comme moi, redoutent également pour les nations le bouleversement anarchique et l'assoupissement sacerdotal, jettent le cri d'alarme pendant qu'il en est temps encore, qu'on y songe bien! (Rumeurs à droite.)

Vous m'interrompez. Les cris et les murmures couvrent ma voix. Messieurs, je vous parle, non en agitateur, mais en honnête homme! (Ecoutez! écoutez!) Ah çà, messieurs, est-ce que je vous serais suspect, par hasard?

CRIS A DROITE. — Oui! oui!

M. VICTOR HUGO. — Quoi! je vous suis suspect! Vous le dites?

CRIS A DROITE. — Oui! oui!

(Tumulte inexprimable. Une partie de la droite se lève et interpelle l'orateur, impassible à la tribune.)

Eh bien ! sur ce point, il faut s'expliquer. (Le silence se rétablit.) C'est, en quelque sorte, un fait personnel. Vous écouterez, je le pense, une explication que vous avez provoquée vous-mêmes. Ah ! je vous suis suspect ! Et de quoi ? Je vous suis suspect ! Mais, l'an dernier, je défendais l'ordre en péril comme je défends aujourd'hui la liberté menacée ! comme je défendrai l'ordre demain, si le danger revient de ce côté-là. (Mouvement.)

Je vous suis suspect ! Mais vous étais-je suspect quand j'accomplissais mon mandat de représentant de Paris, en prévenant l'effusion du sang dans les barricades de juin ? (Bravos à gauche. Nouveaux cris à droite. Le tumulte recommence.)

L'orateur reprend :

Eh bien ! vous ne voulez pas même entendre une voix qui défend résolument la liberté ! Si je vous suis suspect, vous me l'êtes aussi. Entre nous le pays jugera ! (Très-bien ! très-bien !)

Messieurs, un dernier mot. Je suis peut-être un de ceux qui ont eu le bonheur de rendre à la cause de l'ordre, dans les temps difficiles, dans un passé récent, quelques services obscurs. Ces services, on a pu les oublier ; je ne les rappelle pas. Mais au moment où je parle, j'ai le droit de m'y appuyer. (Non ! non ! — Si ! si !)

Eh bien ! appuyé sur ce passé, je le déclare, dans ma conviction, ce qu'il faut à la France, c'est l'ordre, mais l'ordre vivant, qui est le progrès ; c'est l'ordre tel qu'il résulte de la croissance normale, paisible, naturelle du peuple ; c'est l'ordre se faisant à la fois dans les faits et dans les idées par le plein rayonnement de l'intelligence nationale. C'est tout le contraire de votre loi ! (Vive adhésion à gauche.)

Je suis de ceux qui veulent pour ce noble pays la liberté et non la compression, la croissance continue et non l'amoindrissement, la puissance et non la servitude, la grandeur et non le néant ! (Bravo ! à gauche). Quoi ! voilà les lois que vous nous apportez ! Quoi ! vous gouvernants, vous législateurs, vous voulez-vous arrêter ! vous voulez arrêter la France ! Vous voulez pétrifier la pensée humaine, étouffer le flambeau divin, matérialiser l'esprit ! (Oui ! oui ! — Non ! non !) Mais vous ne voyez donc pas les éléments mêmes du temps où vous êtes ! Mais vous êtes donc dans votre siècle comme des étrangers ! (Profonde sensation.)

Quoi ! c'est dans ce siècle, dans ce grand siècle des nouveautés, des avénements, des découvertes, des conquêtes, que vous rêvez l'immobilité ! (Très-bien !) C'est dans le siècle de l'espérance que vous proclamez le désespoir ! (Bravo !) Quoi ! vous jetez à terre, comme des hommes de peine fatigués, la gloire, la pensée, l'intelligence, le progrès, l'avenir, et vous dites : c'est assez ! n'allons pas plus loin ; arrêtons-nous ! (Dénégations à droite.) Mais vous ne voyez donc pas que tout va, vient, se meut, s'accroît, se transforme et se renouvelle autour de vous, au-dessus de vous, au-dessous de vous ! (Mouvement.)

Ah ! vous voulez vous arrêter et nous arrêter ! Eh bien ! je vous le répète avec une profonde douleur, moi qui hais les catastrophes et les écroulements, je vous avertis la mort dans l'âme (on rit à droite), vous ne voulez pas du progrès ? vous aurez les révolutions ! (Profonde agitation.) Aux hommes assez insensés pour dire : l'humanité ne marchera pas, Dieu répond par la terre qui tremble ! (Longs applaudissements à gauche.)

L'orateur, descendant de la tribune, est entouré par une foule de membres qui le félicitent. L'Assemblée se sépare en proie à une vive émotion.

www.ingramcontent.com/pod-product-compliance
Lightning Source LLC
LaVergne TN
LVHW010815180726
843502LV00009B/3341